ロムニイ、ハイス
＆ダイムチャーチ鉄道
RH & DR の魅力

「狭軌鉄道」── 線路の幅が狭いというだけで
鉄道がグッと身近かな存在になってくる。

「狭軌鉄道」の車輌は人間の背丈に近い　*1
　　細い線路は等高線に逆らうことがない　*2
　　そしてどこか懐かしく心和ませてくれる。

世界は広い。
いまも走っている「狭軌鉄道」がある
いまも 蒸気機関車の走る姿を見ることができる。

蒸気機関車の走る　世界の「狭軌鉄道」

*1) 線路幅が小さい分そこを走る車輌も小さい。だが、乗車する人間は小さくはできないから、車輌はどこかアンバランスな面白さがある。だから時には、客車の中では向き合って座るお客さん同士のヒザが触れたりして、ココロ和まされる。

*2) トンネルや鉄橋で一直線に結ぶのでなく、自然に逆らうことなく等高線に沿いクネクネと曲がって進む線路は、どこか慎ましやかでココロ和まされる。

海峡越しにフランスを望む
　英国南岸に沿って走る蒸気機関車…
線路の幅はたったの381㎜
とはいえこれは遊具ではない
100年が近い歴史と21km超の路線を持つ
　　　　れっきとした公用鉄道なのだ
いまも人々の足として
はたまただいじな観光のアイテムとして
　　　　　　時空を超えて走る
RH&DRこと
　ロムニィ、ハイス&ダイムチャーチ鉄道

蒸気機関車同士の交換風景
そのむかし、わが国の鉄道でも
至るところで見慣れた風景ではなかったか
この現代に英国の地で
小さな大型蒸気機関車同士が
長い列車を牽いてすれ違う
懐かしくも迫力のある蒸気機関車時代の再現

ロムニィ、ハイス＆ダイムチャーチ鉄道

速い速い、想像を遥かに超えて
目まぐるしく動き回るヴァルヴギア
小さな動輪からは信じられないような速度で走る
これは決してミニチュアではない
ホンモノの蒸気機関車の迫力

ロムニイ、ハイス&ダイムチャーチ鉄道

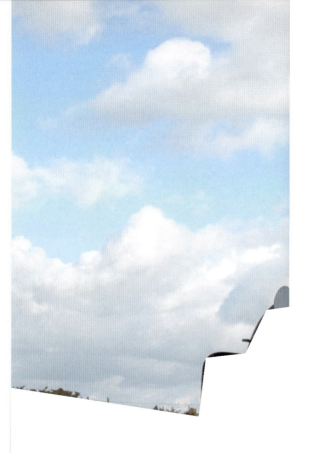

終着駅 ダンジェネスは
灯台が見下ろす海辺の砂浜にある
まるで模型鉄道のようなリヴァース線
その途中にある駅を夕方の列車が出発する
目線を低くして見送る機関車の
なんと迫力のあることか
「蒸気機関車時代」を永遠に残す
小さな博物館鉄道だ　*3

ロムニイ、ハイス＆ダイムチャーチ鉄道

＊3）RH＆DRには11輛の蒸気機関車が籍を置いている。標準ゲージの機関車をそのままスケールダウンしたような「小さな大型機」は、存在感たっぷり。実は佳き時代の鉄道情景を再現していたりする。新しくボイラーを交換する機関車もあったりして、永遠に保つ手立ても施されている。

ロムニイ、ハイス＆ダイムチャーチ鉄道

「世界の狭軌鉄道」06

もくじ

- ロムニイ、ハイス＆ダイムチャーチ鉄道の魅力　　　**001**

- ロムニイ、ハイス＆ダイムチャーチ鉄道（RH＆DR）とは　　**014**

- 15インチ鉄道の途　RH＆DRの小さな旅　　**019**
ハイス駅／ハイス駅発車／ボトルフス鉄橋／バーマーシュ通り／イースト・ブリッジ通り／ダイムチャーチ駅／セント・メリイズ・ベイ駅／鉄橋を渡り牧場へ…／ロムニイ・ワレン駅／ニュウ・ロムニイ駅／ニュウ・ロムニイ機関庫／シーヴュウ通り／ロムニイ・サンド駅／ハル通り／夕暮れの列車を見送る／「ザ・パイロット・イン」／リヴァースの分岐／小石の浜を往く／1904年竣功旧灯台／ダンジェネス駅

- ロムニイ、ハイス＆ダイムチャーチ鉄道の機関車　　**091**
RH＆DRの機関車／1〜3号機／4号機／5、6号機／7、8号機／9、10号機／11号機／横浜に現われた「Black Prince」

- 日本のロムニイ鉄道「修善寺虹の郷」　　**116**
日本の15インチ鉄道／4輛の蒸気機関車／「虹の郷」ロムニイ鉄道の旅／英国村ロムニイ駅／「S」カーヴの力闘／富士山ヴュウ・ポイント／カナダ村ネルソン駅

- 15インチ狭軌鉄道　英国の小さな公用鉄道　　**134**
15インチ鉄道の登場／レーヴェングラスの試み／遊具ではなく鉄道として／超狭軌鉄道への挑戦

ロムニイ、ハイス＆ダイムチャーチ鉄道（RH & DR）とは

Hythe
ハイス

Dymchurch
ダイムチャーチ

St. Mary's Bay
セント・メリイズ・ベイ

Romney Warren
ロムニイ・ワレン

New Romney
ニュウ・ロムニイ

Romney Sands
ロムニイ・サンズ

Dungeness
ダンジェネス

The Little line with a big heart ── 大きなハートの小さな鉄道

　ふたりの重要な人物の話をせねばならない。しかしながら、彼らのすべてを賭けたような溢れる情熱が…　というような話ではない。ホンの楽しみで実現してしまった、拍子抜けしてしまうような話がそこにあったのである。訊けばなんだか別世界の物語のようだが、そんな夢のような話がいまから100年のむかしにじっさいに起きていた。まずはその夢物語、ふたりの人物の話からはじめよう。

● 世界屈指の大富豪
　ひとりは、ズボロウスキイ伯爵（Count Louis Vorow Zborowski：1895/02/20 〜 1924/10/19）。クルマ好きの間では「伝説のレーサー」のひとりとしてその名が知られる人物だ。貴族の父、アメリカの大富豪であるアスター家出身の母の間に生を受けたズボロウスキイは、生まれながらのミリオネアであった。父もレーサーで、45歳の時にレースで事故死した。1903年、フランスはニー

スの「ヒルクライム・レース」でというから、彼がまだ8歳の時である。

　不幸はつづき16歳の時、母親をも失う。しかし、莫大な遺産によって彼は一気に並外れた大富豪になった。しかもその若さで、である。どれくらいすごいかといえば、ニューヨーク・マンハッタンや五番街の数ブロックに及ぶ多くの不動産が彼のものになり、世界でも指折り数えられる資産家といわれた。母は亡くなる少し前の1910年、英国南東部に「ヒギャム・パーク」という広大な土地を購入し、母子はそこで暮していた。そのパークの広さは225エーカーというからメートル法でいえば91万平方m、もっと解りやすくいうと「東京ドーム」20個分に近い広さ、ということになる。

　そこで暮すズボロウスキイが、まずしたことはその資産で英国のアストン・マーティン社を救うことであった。

　アストン・マーティンといえば英国の名門ブランドとして、こんにちのフェラーリのような人気があった。しかし、レースを闘い、高性能なスポーツカーだけをつくっていくことは、経営的には難しいことも多かったのだ。破綻しかかっていた名門を存続させるために資産の一部をつぎ込むことで、ズボロウスキイの名は一躍有名になった。そして、父のあとを追ってレーシング・ドライヴァとして活躍するようになる。

　最初はアストン・マーティンで、その後いくつかのクルマを駆ってレースに参戦するが、並外れた富豪のすることは恐ろしい。とびきり速いクルマを自らつくってしまうのだ。それも4台も。もう少しクルマ話に付合って欲しい。1921年に最初につくったのはメルセデスのシャシーに23.0ℓ（！）マイバッハ航空機エンジンを搭載したモンスター。2号は18.0ℓエンジン搭載で1921年秋のブルックランズ・サーキットで勝利してみせている。それに飽き足らず4台目までをつくり、それが縁でメルセデス・チームに入る。それが思わぬ不幸を生むことになる。

● もうひとりの大富豪

　もうひとりの中心人物はキャプテンJ.E.P.ハーウィ（Captain John Edwards Presgrave Howey：1886/11/17〜1963/09）。やはりレーシング・ドライヴァ、もと聯隊の部隊長、そしてミニチュア鉄道の愛好家にして大富豪である。レース仲間であり、やはり鉄道好きでもあったズボロウスキイとは、特に気が合ったという。

　先のズボロウスキイの4台のクルマは、その桁外れのエンジン音から「チティ・バン・バン」と愛称され、注目を集めた。そう、のちのち「チキチキ・バンバン」として映画、ミュージカルの題材になったのは、このクルマなのである。

こうしたレースカーだけでなく、ズボロウスキイの「ヒギャム・パーク」の広大なスペースに「庭園鉄道」を敷こうという計画もあった。どうせなら自分も乗れて走れる鉄道。線路を敷くより早く、381mm ゲージの蒸気機関車 2 輛が発注されていた。当時、模型機関車（蒸気で走るライヴ・スティーム）設計の第一人者であるヘンリイ・グリーンリイに設計を依頼し、コルチェスターのデイヴィ・パクスマン社で製造に掛かっていた。

ところが、である。1924 年のことだ。メルセデス・ティームで「グランプリ・レース」に参戦していたズボロウスキイは、イタリア GP、モンツァで立ち木に激突し、29 歳の若さで死去してしまうのだ。

ここからはハーウィのパワーである。ズボロウスキイの遺志を引継ぎ、ミニチュア・ゲージの鉄道建設に乗り出すのだ。グリーンリイを相談役に招き、彼のサジェッションもあってロムニイの地をその敷設場所として決め、早速に建設を開始する。それは 1927 年 7 月 16 日、ハイス～ニュウ・ロムニイ間 8 マイル（12.9km）での開通式で実現した。

ズボロウスキイが注文していた 1 号機、2 号機をはじめ機関車も相当数が揃えられていた。一番列車は 5 号機「ハーキュリイ」が牽引して、複線の線路を往復した、という。「庭園鉄道」は地元の交通機関としても機能する「公用鉄道」に昇華していたのである。

付加えておくと、主を失ったズボロウスキイの「ヒギャム・パーク」はフレミング一族に引継がれた。このフレミング家のひとり、イアン・フレミングこそ、「007 シリーズ」の原作者。彼が幼少の頃見聞していたズボロウスキイのレースカーから発想して、「チキチキ・バンバン」を著したというのだから、遺したものの大きさをいまさらながらに思ったりする。

● RH & DR の発展と戦争

1927 年、わが国でいうと昭和のはじめに開通した鉄道は、沿線の街の名前を採ってロムニイ、ハイス＆ダイムチャーチ鉄道、頭文字から RH & DR と呼ばれた。「世界でもっとも小さな公用鉄道」という触込みもあって、鉄道は大いに賑わった、という。ハーウィはニュウ・ロムニイから線路を延長する計画を立て、それは 5 マイルほど先の浜、ダンジェネスに至った。

かくして、1928 年にはハイス～ダンジェネス間 13.5 マイル（21.7km）の複線線路が開通。機関車も 8 輛に増強されていた。

ひとつの転機は先の大戦の時である。戦時下において、鉄道は大きな役割を担うものであった。武器をはじめとする物資や人員輸送はいうまでもなく、列車そのものを武装した「装甲列車」に仕立てて戦闘力を持たせ実戦に投入した。

RH & DR も1940年には一時閉鎖され、軍隊の管理下に置かれた。「装甲列車」がつくられたのは、その海に近い立地も影響していよう。回転式砲塔を装備した列車が仕立てられ実戦投入されたほか、「PLUTO」建設の担い手としても活躍した。

「PLUTO」とは同盟軍であったフランス軍のために、給油のためのパイプラインを海峡に敷設するというもので、その資材運搬に重要な役を果たしたという。小さいながらも「公用鉄道」として認知されていた証しとして、語り草となっている。そのことを伝えるために、「装甲列車」のレプリカもつくられて展示されたりもした。

こんな話も残っている。RH & DR の「装甲列車」を発見したドイツ機が攻撃をしようと向かったところ、墜落してしまった。標準的な機関車の大きさを思って近づいたところ、あまりの小ささに高度を誤ったのだ、という。かくして、RH & DR はちょっとした英雄になったのだった。

● 戦後の発展と革新

ふたたび平和が取り戻されるとともに、HR & DR も軍の徴用から解かれ、運転を再開する。1946年にハイス〜ニュウ・ロムニイ間が、遅れてダンジェネスまでの全線が復活した。ただし、ニュウ・ロムニイ〜ダンジェネス間は資材不足もあって、単線とされた。

面白いのは、単線線路でそのまま浜を一周するリヴァース線路を設け、列車は機関車を付け替えることもなく戻って来られるようにしたことだ。まるで、模型鉄道の発想である。

先の戦争での活躍ぶりも話題を呼んで、戦後、1950〜60年代前半までは大いに賑わった。当初は8人乗りの上半分が吹き抜けの二軸客車だったものが、ほどなくボギイの、それも密閉式の客車に替わる。もちろん、乗客の居住性を考えてのことだ。室内電灯とスティームによる暖房も備わっていた。それはダンジェネスの浜を吹く寒風に大いに効果的であった。

客車だけでなく、貨物列車も運転された。2D1 の軸配置を持つ5号機、6号機は実は貨物列車用に用意されたものだったのだ。ダンジェネスの分岐より手前に漁港への引き込

のちにつくられた「装甲列車」のレプリカの残骸。RH & DR の歴史を語るイヴェントで展示してみせたのだ、という。

み線が設けられ海産物の輸送が行なわれたり、砂浜の小石といったものが主な輸送貨物であったが、ニュウ・ロムニイには貨物積み出しフォームが、ハイスにはトラックへの積替え設備も設けられていた。ほかに郵便車もつくられ、鉄道郵便サーヴィスも行なわれた。普通の鉄道と同じ業務が実施されていたのだ。しかし、それらの多くは他の鉄道がそうであったように、しだいに道路輸送に取って代わられた。

　1963年、ハーヴィの死に合わせたかのように、RH&DRにも影が差し込む。世界的な鉄道の斜陽、道路交通の普及は交通機関としての鉄道の重要性を大きくスポイルした。多くの支線や小鉄道が消えていく中、独自の軌間を持ち他鉄道との接続もないRH&DRは、自らの生きる道を見出さなくてはならなかった。

● 実用と観光を兼ね備える鉄道

　なにも狭軌鉄道に限られたことではなく、自動車の普及、道路交通の発達は、陸上交通のありようを大きく変化させた。世界的な鉄道の衰退は見ての通りで、大量輸送、高速輸送にしかメリットが持てなくなったことから、地方のローカル線、小私鉄などはことごとく姿を消していった。

　もともとが輸送単位が小さく、速度もそこそこの狭軌鉄道、ましてや蒸気機関車など、まともに物量計算をしていたらまったく勝ち目はない。ただ、ノスタルジックでひとつの文化遺産的な目で見たときの狭軌鉄道の魅力は独特のもので、特に15インチ軌間という超狭軌鉄道、しかも蒸気機関車が主役を務めている鉄道という点で、RH&DRは大きな存在感を見せるのであった。

　かくして、ひと味以上ちがう世界で唯一の鉄道といった魅力にスポットライトが当てられ、英国内はもとよりそれこそ世界中からの観光客を呼び込むようになった。RH&DRに乗るためにやってくる人、かつてはひとつの交通手段であったものが、いまや人々を呼び込むだいじな観光目当てになったのである。ハイスもニュウ・ロムニイもRH&DRの走る街として知られるようになった。

　15インチ鉄道の持つ独特の魅力、小さな大型機の迫力、鉄道好きのみならず多くの人の注目を浴びているRH&DRだ。

RH&DRの社用車にはサイド一面に蒸気機関車が描かれていた。機関車は1号機である。

15インチ鉄道の途
RH & DR の小さな旅

HYTHE STN.
■ ハイス駅

　RH & DR、つまりロムニイ、ハイス&ダイムチャーチ鉄道の起点は、鉄道名にも出てくるハイス駅である。英国南東部、ケント州の港街、ハイスはフランスへのフェリイなどの航路であるドーヴァ海峡の玄関口、ドーヴァに至る途中。案内によるとM20モーターウェイの11ジャンクションでおりて15分ほど、とある。
　ハイスと書いたが、「ハイズ」と発音することも多い。中世から軍港として特権を持つ五港（Cinque Ports）のひとつだったが、沈泥などによって消滅。17世紀には王立軍用運河が設けられた。ナポレオンの時代から外敵に対して要衝にあった歴史を持つ。
　ハイス駅は街の西側、A259号線道路に直交して、機回し線を挟む三線の終端駅だ。全体を覆う大きな屋根があり、終端部に道路に面して駅舎がある。駅舎内にはみやげ物販売所などもあり、一方ターンテーブル、信号所などの設備も備わっている。

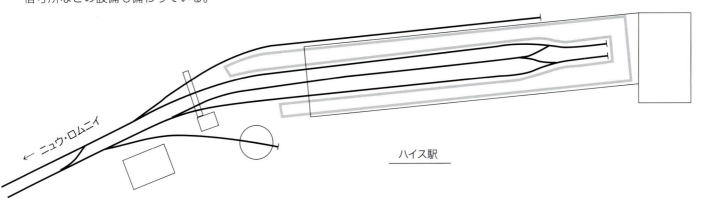

ハイス駅

　ハイス駅構内にはターンテーブルがあり、到着した列車は機関車が切り離され、機回し線を通過していったん信号機の下をくぐった先まで行った機関車は引き返してターンテーブルに向かう。ターンテーブルは人力。向きを変えた機関車は、給水し、各部点検、給油などを受けて、ふたたび客車の前に連結される。
　これらの作業を10分ほどの間に行ない、列車はもと来た道を引き返していくのだった。

DEPARTURE
■ ハイス駅発車

　ターンテーブルで向きを変えた5号機がホームに止まっている客車の先頭に就いた。ニュウ・ロムニイ方面に向かって出発する。連結風景を見守っていた親子も客車に乗り込んだ。

　大したショックもなく列車は動き出した。シグナル・ブリッジと信号所を通過して、ポイントを渡り左側通行になる。線路の右側は「ロイヤル・ミリタリイ運河」があるはずだが、車窓は並木と家並に挟まれて、景色を楽しむ、という風ではない。

　ずっとつづいた家並がなくなったと思ったら左側に大きな池が。あとで撮影できないか訪ねて見たのだが、垣根がつづき、しかも池周辺は会員制のリゾートだった。列車は直線の多い線路を快走する。

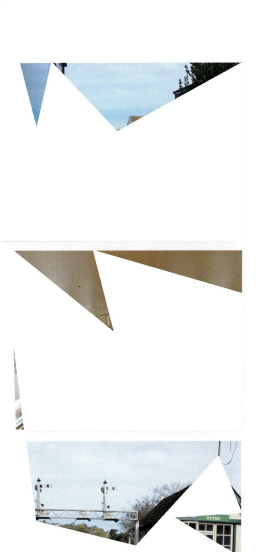

BOTOLPH'S BRIDGE
■ ボトルフス鉄橋

　その名も「ボトルフス・ブリッジ・ロード」がメイン・ストリートのA295号線から分岐している。その道路はすぐにRH&DRの線路を踏切で越え、小さな水路を渡りそれに並行して走る。振り返って見ると、そこにはニュウ・カット水路にRH&DRの鉄橋が。

　RH&DR沿線には数多くの水路が網の目のように設けられているのだが、特にニュウ・ロムニイより東の部分には少なからぬ数の鉄橋が存在する。しかし多くの鉄橋は周辺の草などに隠れていたりして、外からではその存在すら判明できなかったりする。水路を見付けては線路に近づこうと捜すのだが、絵になる鉄橋には出遇えずに終わっていた。

　「ボトルフス・ブリッジ・ロード」から望む鉄橋は、ハイス方面に向かう列車がいい。水路の両側は牧場が広がり、水際にはブッシュがつづく。水道管だろうか、人や動物よけのガードを付けたパイプが水路の上を渡る情景が面白い。

　そろそろ列車が来てもいい時刻だ。耳を澄ますとタタンタタンというジョイント音が、風に乗って微かに聞こえてきた。蒸気機関車の排気音はスコスコと息をする程度だ。その音は列車が近づいてきてもさほど大きくなることなく、想像より遥かに速いスピードで鉄橋を通過していった。

BURMARSH RD.
■ バーマーシュ通り

　かつてはここにバーマーシュ通り駅という駅があった。その名残りだろうか、低いプラットフォームの跡らしきものが伺える。その名の通りのバーマーシュ・ロードが横切っている踏切。

　残念ながらRH&DRの線路は、両側に柵があったり、なかったとしても低い雑草が生えていて、なかなか見渡せる写真が撮りにくい。勢い、踏切部分から正面がちのシーンを狙うことになりがちだ。ハイス～ニュウ・ロムニイ間は複線線路、そして列車は左側通行。そういう基本を頭に入れて、ひとつひとつ線路とクロスする道を観察した。

　ハイス～ダイムチャーチ間にはボトルフス・ブリッジ通り、バーマーシュ通り、イースト・ブリッジ通りの踏切がある。ダイムチャーチ～ニュウ・ロムニイ駅にはセント・マリーズ通り踏切、ジェファーストーン踏切、ロムニイ・サンズ駅までの間にはボールドウィン通り、シーヴュウ通り、ロムニイ・サンズ通り踏切。あとダンジェネス駅までの間にハル通り、テイラー通り、ウィリアムソン通り、バッテリイ通り、ダンジェネス通りがあるから、数えたら全部で13ヶ所ということになる。

EAST BRIDGE RD.
■ イースト・ブリッジ通り

　ダイムチャーチに到着する列車を待った。線路はずーっと一直線に延びる複線。その焦点に漆黒の機関車が姿を現わした。

　ファインダーの中で少しづつ大きくなってくる機関車。せわしないブラスト音（小排気量のエンジンの如く）も聞こえてきた。と、突然にブワワワーーッと安全弁が吹く。一瞬蒸気に包まれる機関車。駅が近くなったからか、速度を落としていく。「ミニチュア」などと呼ばせない迫力が、小さな蒸気機関車に充満していた。二度とない瞬間。

　だから蒸気機関車は面白い。やめられない魅力というものだ。

DYMCHURCH STN.
■ ダイムチャーチ駅

　ハイスから5マイル（8.0km）を走って、最初の停車駅であるダイムチャーチ駅に到着する。20分ほどノンストップで駆け抜けるのだが、実は、この間にはごく初期に廃止されたものを含めると、4つもの駅が設けられていた。地域の足から観光鉄道の要素が増すのにつれて、駅は減らされた。

　ダイムチャーチ駅は対向式プラットフォーム二面、その間に跨線橋のある立派な駅である。ここで上下列車の交換が行なわれるように時刻表ではなっているのだが、完全複線のこの区間、きっちり同時発車、などということはめずらしい。なん度かトライして、ようやくタイミングのいい交換風景が撮影できた。

　駅前には駐車スペースがあり、「パーク＆ライド」のお客さんも少なくないようであった。

　ダイムチャーチは旧い街である。19世紀はじめのナポレオン戦争時代の防御とりで「マルテロ・タワー」が残っていたりする。駅から海寄りに歩けば、懐かしい街並が見られ、ちょっとした散策も楽しい。

　1992年、はじめてRH&DRを訪ねた（実は二度目で、最初は冬期で運休中を知らずに駅だけ見て帰った）時、ダイムチャーチ駅で撮影した10号機と6号機の交換風景。10号機のデッキ部分にある「鐘」に目を奪われた。ダイムチャーチの駅もまだ改装前で、いまとは趣きが違う。

ST. MARY'S BAY
■ セント・メリイズ・ベイ駅

　ダイムチャーチ駅を出発した列車は約1マイル（1.6km）を走って小さな駅を通過する。「リクエスト・ストップ」、予め車掌さんに停まって欲しい旨、伝えておくことで停車してもらえる駅だ。
　駅からすぐの踏切、ジェファーストーン通りを真っすぐ10分ほど歩くと、海岸に出られますよ、と書いてあったが、途中のメイン・ストリートの先はちょっとした緑。その向こうに砂浜があるのだった。
　ジェファーストーン通りの両側は住宅街が広がり、線路はその街並の端を走っているという感じだ。奥の家は、バックヤードのすぐ裏が線路。いいなあ、こんなところに住んでみたい、ふとそんなことを思った。

JENNER'S WAY
■ 鉄橋を渡り牧場へ…

　ジェンナーズ・ウェイというのは英国によくある「行き止まり」の道。数軒の家のためにつくられた路地のようなもので、そのどん詰りにはクルマがUターンできる、小さなロータリイがあったりする。
　このときは鉄橋の見えるところはないか、と飛び込んだジェンナーズ・ウェイ。その行き止まりの先にRH&DRの鉄橋が見える遊歩道があった。鉄橋は「コリンズ・ブリッジ」という。
　「写真を撮るんだったら、停めておいていいよ」
　ちょうどガーデニングに精を出していた老紳士に許しを得て、クルマを置かせてもらい、遊歩道に出た。ちょっと後追いではあったけれど、足周りまで見ることのできるシーンは貴重だった。
　それにしても列車の背が低いこともあって、なかなかRH&DRのサイドからの列車写真は撮りにくい。そう思いながら沿線を走っていたら、牧場の向こうに線路がある。どうだろう、機関車はちゃんと見えるだろうか。遠景だから、足周りは隠れてもいいか。そんなことを考えながら、牧場の向こうを走り過ぎていく列車を撮影した。(次ページ)
　気持のいいジョイント音まで聞こえる。まるで模型列車のような10輌編成であった。

ROMNEY WARREN
■ ロムニイ・ワレン駅

　RH&DRと並行するA259号線道路はダイムチャーチ駅から先、しばらくは距離を置いて走るが、牧場の向こうに見えた線路が、急に近づいてきて道路をアンダークロスする場所がある。その前後は絶好の撮影ポイントでもあるのだが、道路の右手、ダイムチャーチ側をよく見ると、手すりに囲まれた木製の小さなプラットフォームが見逃せない。

　そこはロムニイ・ワレン駅。といっても、その側にある「ロムニイ・マーシュ・ヴィジター センター」と「ロムニイ・ワレン・カントリイパーク」のイヴェント開催時など、臨時駅として使用されるものだ。ニュウ・ロムニイ駅から臨時列車によるピストン輸送も行なわれる、という。このヴィジター・センターは、地域の自然や歴史などの展示物があるほか、野生生物が観察できるガーデンなどが広がり、休日などは人気の行楽地。ただし、RH&DR同様、冬期は休業となるので要注意である。

　ハイス方面行の上り列車は牧場の向こうからカーヴして道路の下をくぐってロムニイ・ワレン駅を通過していく。ニュウ・ロムニイ駅発車の汽笛も聞こえ、やがて列車が姿を現わしてから、橋の下に消えていくまで、ロングで楽しむことができる。

1号機の出発シーン、ドレインは前方に吹き出す。

NEW ROMNEY STN.
■ ニュウ・ロムニイ駅

　RH＆DRの中心駅であり、機関庫、工場なども備わっているのがニュウ・ロムニイだ。駅の南側にはメイン・ストリートであるA259号線が「リトルストーン・ロード」と名を変えて線路をオーヴァクロスしている。駅舎はその通りに面し、線路やプラットフォームなどはそこより一段下に展開している。
　フォーム2面、留置線などを含めると7本もの線路が大きな屋根に覆われている。ニュウ・ロムニイ止りの列車だけでなく、機関車の付け替えなど、機関庫、ターンテーブルなどを往復して、せわしなく蒸気機関車が行き交う情景は、なかなか見ものである。

048

ダンジェネス　　　　　　　　　ニュウ・ロムニイ駅

ハイス
工場
機関庫
信号所
車庫

車庫

石炭置場

　構内には信号所があって、数多くの腕木式信号機やポイントの操作が行なわれている。日中は賑わっていた駅も、最終列車が到着する頃にはすっかり人気もなくなっていた。信号機にもプラットフォームにも灯りが点り、広い屋根の下を煙で充満させながら、2号機の牽くニュウ・ロムニイ止まりの列車が到着した。
　ちゃんと客車を留置して、機関車は機関庫に引き返していく。そこでは、ひとつ前の列車を牽いてきた9号機の整備が終わり、防寒の毛布が掛けられようとしていた。2号機もこれから火床整理などが行なわれる。
　秋の終わりのこと、駅を後にしたこの時刻、ニュウ・ロムニイの街もひっそりとなっているのだった。

NEW ROMNEY DEPOT.
■ ニュウ・ロムニイ機関庫

みなさん、なん時頃から準備しているのですか？
「一番列車の担当は、5時半頃から準備しているぜ」
早朝のニュウ・ロムニイの機関庫。熱いコーヒーを啜りながら、仲間の作業を見守っている。
「暇さえあればこいつは機関車磨いているんだ」
蒸気が上がるまでの間も熱心に手を休めない。みんな機関車が好きだからな、というのも見ていてよく解る。待つことしばし、2号機が表に出された。まだ保温のための毛布がボイラーに掛けられたまま。ようやく毛布が外されたのは、一番列車発車の1時間前。これから給水、石炭積み込みを行ない、さらにターンテーブルで向きを変えて、列車の先頭に就くのだった。

　面白いものを見せてあげよう、機関車の蒸気アップを待つ間、機関庫に隣接した工場を案内してくれた。メインテナンスのほとんどは、この工場で行なわれる。スペアパーツというべきものだけでなく、鋼材、ボルトの類までいくつもの棚にストックされている。
　「ほら、これがブレーキ・シュウ」
　まだ機械加工前の鋳造部品を見せてくれる。奥の別棟では、事故に遭って復旧中の１号機があった。ついでにボイラーも新しくするのだ、という。こうして、11輛の蒸気機関車はしっかり保たれている。
　下の写真はディーゼル機関車の駆動装置、ギアボックス部分だ。

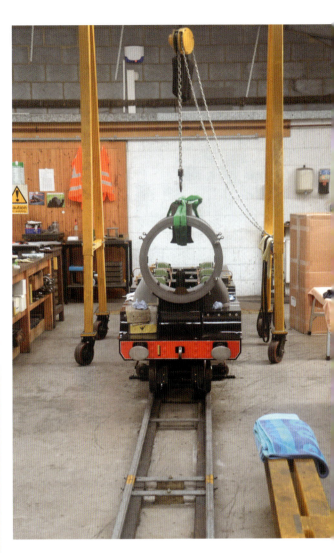

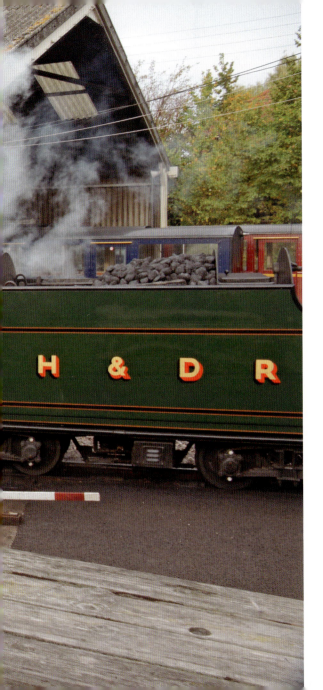

　駅のとなりの駐車場、パーク＆ライドで多くの人が自由にクルマを駐め置ける駐車場の片隅に新しく石炭置場がつくられた。朝8時過ぎ、機関車がいきなり駐車場に姿を現わす。バケツに山盛りにされた石炭、それを機関士さんが自ら積み込む。ときに手伝いの仲間がきてくれたりするが、20杯近くを積み込むのはけっこうハードな作業だ。
　朝日を受けて、さっきまで磨いていた効果かキラリと光る機関車。朝の身支度を整えると、ふたたびいくつものポイントを渡って駅構内に戻っていく。
　そろそろ一番列車を待つお客さんも駅にやってくる時間。いつの間にか、RH＆DRの一日がはじまっているのだった。

SEA VIEW RD.
■ シーヴュウ通り

　ニュウ・ロムニイ駅のダンジェネス側は、トンネルポータルのような口がふたつ。それはニュウ・ロムニイの街を横切るメイン・ストリート「リトルストーン・ロード」（B2071号線）のアンダークロスである。手前にあるニュウ・ロムニイ駅の跨線橋には、汽車待ちの見物客もいる。

　列車写真はハイス方面行の列車しか絵にならないので、左右3枚の写真はすべて上り列車だ。左ページの写真は、ちょうど単線から複線線路に分岐するところ。ニュウ・ロムニイ駅の二番線に入るか、三番線に入るかで、そのまま直進するか分岐していくかのちがいがあるようだ。

　ダンジェネス行、左右の複線線路がひとつにまとまると、南に進む単線線路になる。

　右に左にくねって海が感じられるようになり、家並の間がぱっと開けたと思ったら、警報機付の踏切がつづく。そのふたつ目がシーヴュウ・ロード、警報機に加えて、しっかりと遮断機もおりてくる。

　それにしても踏切で列車を待っていた時、警報機よりも小さな機関車が現われたら… ちょっと想像して、思わず微笑んでしまった。

ROMNEY SAND STN.
■ ロムニイ・サンド駅

　1928年に「マディソンズ・キャンプ」という名前でつくられた駅が、1980年に少し位置を移動し、名前を変えて「ロムニイ・サンド」駅になった。島式のプラットフォームに交換可能な設備を持った駅である。駅両側の分岐ポイントはスプリング・ポイントになっており、左側通行で列車は直進するように設定されている。

　駅から東側には道路を挟んですぐにビーチが広がっており、反対側は民間のキャンプを中心としたレジャー施設になっている。いくつものコテージが並び、緑の芝生、テニスコートなども見える。

　現在の駅の位置はかつて戦時中、ジャンクションが設けられ、ここから軍のための引き込み線がつくられていた、という。多くの戦時物資が輸送されたほか、戦後も海岸のバラストを運ぶ貨物列車が運転された。それは1950年代はじめまでつづき、駅もその分岐点へと移動したのだった。

HUL RD. CROSSINNG
■ ハル通り

　ロムニイ・サンド駅から先はメイン・ストリート（B2071号線）を挟んで海岸線と並行して、線路は南北に走っている。いくつかの踏切を通過していくが、そのひとつ、右写真のハル・ロード踏切は警報機のみ。RH & DR には十指にあまる数の踏切があるが、やはり多いのは警報機のみのものだ。

　そのハル・ロード踏切を過ぎたところ、下り列車の右側車窓に大きな旧い建物が見える。レンガ造り、チムニイが立ち並んでいる。それは18世紀の終わりごろに建てられた「ラード・フォート第二バッテリイ（砲兵隊）」の建造物。なんでもナポレオン時代にはじまり、2回の大戦でも対空砲基地、沿岸警備隊の基地として活躍したそうな。周辺には11棟の施設があったというが、唯一残るものとして知られる。

　その前を通過する上りの最終列車。陽も暮れかかって建物がシルエットになるころ、軽快なドラフト音とともに快走していく。振り返ると海も茜色に染まっていた。

KARTON RD.
■ 夕暮れの列車を見送る

　ロムニイ・サンド駅を出てふたつ目のアンダークロスがカートン・ロードとのクロス地点だ。RH & DRは線路の両側が平らな場所が少なく、また機関車が小さいことから、なかなか思うような写真が撮れない。いきおい、ちょっと見下ろす角度から列車を捉えることになる。

　夕暮れ時、線路端の広場にひとが集まってきた。カメラを構えるでもなく、なんなのだろう。やがて、向こうにかすれた汽笛が聞こえ、ニュウ・ロムニイ止まりの最終列車がやってきた。広場のひとたちは一斉に列車の方に駆け寄ってくる。

　歓声をあげながら、列車に手を振るひとたち。なんと、列車に知人が乗っていたのだろうか、列車からも手を振り返す姿が。

　列車が通り過ぎ、ひとたちも帰って行った。みるみる陽が暮れていき、街に灯かりが点った。

THE PILOT INN
■「ザ・パイロット・イン」

　ダンジェネス近くにお気に入りのレストランを見付けた。名前は「ザ・パイロット・イン」。なんといっても漁師料理、海の幸がおいしいところだ。

　日が暮れる時間からけっこう遅くまで、地元の人たちでいつも賑わっている。お気に入りはムール貝のクリーム・ソース蒸し。大きなナベがそのままテーブルに運ばれ、それに山盛りのムール貝をいつもむさぼるように剥いては食べ、剥いては食べ、格闘する。ゆっくり食べようなどとすると、絶対に食べ尽くせない量なのだ。食べ終わると大きな満足感とともに、少しばかりの後悔をするのだが、半時もするとまた食べたくなってしまう、そんな大好物だ。

　昼に沿線を走っていて気がついた。なんと「パイロット」のすぐ裏をRH＆DRの線路が走っているではないか。じつは、1980年代まで、ここにその名もズバリ「ザ・パイロット・イン」という駅もあったのだと訊いた。

　美しく花の植えられたガーデン、子供用の滑り台も設けられた庭先を列車が通過していった。

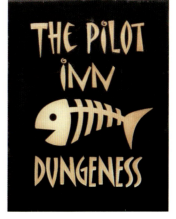

REVERSE POINT
■ リヴァースの分岐

　ダンジェネスには大きなリヴァース線（バルーン・ループとも呼ばれたりするようだ）がつくられており、そこでそっくり列車は向きを変えて戻ってくるようになっている。そう訊いてはいたものの、どこでリヴァース線が分岐するのか、解らないままでいた。なにしろ、だだっ広い小石の浜が広がっており、上空から俯瞰でもしない限り、なかなか見付けるポイントがなかったのだ。

　なん度目かの訪問の時、意を決してなんカ所かに目星をつけ、道なき道を歩いた。その結果、発見した分岐ポイントは呆気ないほどに簡単なものであった。たとえば信号所があるわけでもなく、ただ分岐器がひとつだけ。それもスプリング・ポイントというもので、ニュウ・ロムニイ方面からやってきた列車はそのまま真っすぐ走り、写真のようにダンジェネスからニュウ・ロムニイに向かう列車は、分岐器のトング・レールを押し分けるようにして進む。

　なんとも省力化された、まるで模型のようなシステムで列車はもと来た道をニュウ・ロムニイに向かって、さらにはハイスに向かって走っていく。そこでくねる列車の流れが面白く眺められ、ちょっとばかりの興奮を覚えるのはわれわれだけのようであった。

073

074

075

SHINGLE COAST
■ 小石の浜を往く

　リヴァース線に入る前後から、地面の様子が変わってくる。砂ではなく小石の浜。背の高い樹木はすっかり姿を消してしまい、地面に這いつくばる名も知れぬ苔のような緑が散らばるだけだ。

　そのなかをまるで模型鉄道のように敷かれた線路があり、蒸気機関車が走る情景もまた独特のものである。

　ところで、この地域のむかしはいまとは大きく異なる地形だった。13世紀、大きな嵐が立てつづけにこの地域を襲い、それを機に様変わりした。いま列車の走っているダンジェネスの一帯は島であった。ニュウ・ロムニイは海に面しており船着き場があった。そこから西へは数十キロに及ぶ深い入り江になって、いくつもの小島も点在していた。いくつもの運河がつくられ、船による交通が盛んであった、という。

　その後も河川と海からの小石などによる堆積は、毎年20mも海岸線を延長したというほどで、嵐による災害も年中行事のようになっていった。いくつもの水門が設けられたりしたが、最終的には17世紀までに埋め立てによって河川の経路を変え、いまのような地つづきの地形がつくられたのだった。

　逆にダンジェネス地域の小石は建設用その他への資材として大いに有効利用された。一時はRH＆DRもその搬出に利用されたほど。これらはのちのち得た知識。写真撮影の折には、ただただその特異な地形に目を見張っただけで、機関車に夢中なのだった。

LIGHTHOUSE
■ 1904年竣工旧灯台

　「旧灯台」といわれるが、実は1904年に完成したこの灯台は四代目に当たるものだ。最初の灯台は1615年につくられた、という。地形の変化もあって、だんだんと海に近い位置に立て直された歴史がある。
　1901年に建設が開始され、1904年3月31日にはじめて点灯されたという「旧灯台」は、高さ41m、地上の周囲が11mという円筒形の灯台。1961年に現在の新灯台が完成したのちも、観光施設として遺されている。
　幾度か訪問したけれど叶わなかった登塔が、ようやく実現した。ひとり£4を払って、169段といわれる回り階段を息を切らしながら登った先、その景観に思わず歓声をあげてしまった。途中には灯を回転させるメカニズムが展示されていたりしたが、なにはともあれ上からの線路を見てみたい、その一心であった。
　結果は… 何点かの写真でその興奮の一端をお届けできるだろうか。例の分岐ポイントを通過して、海をバックにリヴァース線を進み、ダンジェネスの駅に到着。そして前2輛を切り離して出発し、リヴァース線をふたたびニュウ・ロムニイ目指して進んでいくすべてが手に取るように観察できる。模型鉄道のような…
　間近かでは感じられなかったRH&DRの本質が、大俯瞰ですっかり納得できたのであった。
　この後も、写真のワンポイントとして「旧灯台」は格好のアクセントとなったのであった。

　秋も終わりの頃になると、冬期休業のRH & DRは閑散ダイヤになってくる。夕方、最終列車がダンジェネスを発車する頃、まだ充分に残っている夕陽がギラリと機関車を照らす。
　小石の広がる浜の中、黄金色に輝く機関車はまるで舞台上で華やかなスポットライトを浴びている、主役のようであった。ゆっくりとステージを移動していくヒロインのあとから、客車が順にスポットの中に照らし出されていく。
　そんなフィナーレ・シーンは、RH & DRを強く印象づけてくれる大きなクライマックスのひとつでもある。誰もいない寂寥の浜をひとり気を吐いて進みゆく蒸気機関車。冷たい風が煙を押しやる。乗客たちも客車の窓をしっかりと閉め、息を殺すようにしてこの景色をそっと眺めているかのようであった。

DANGENESS STN.
■ ダンジェネス駅

　RH＆DRの終着駅がダンジェネスだ。終着駅、といってもリヴァース線の途中に設けられたフォーム一面だけの中間駅の佇まい。海側からやってきた列車は、ダンジェネス駅に停車すると、海遊びなどの観光客を降ろし、海から帰ってきたひと、そのまま列車旅を楽しむ通過客を乗せて、発車していく。列車は写真の右から左へいく一方通行。機関車の付け換えもなく、そのまままさしく中間駅のごとし、である。

　現在の駅は開業後少し遅れて1928年8月にオープンした。最初のダンジェネス駅は「パイロット・イン」のあたり、そこに三角線がつくられていて、列車ごと方向転換をしていた、という。はじめて線路がダンジェネスにやってきたのは、さらに遡ること40年余。リド鉄道によって、ちょうど灯台の下辺りにダンジェネス駅が設けられた。もちろん標軌の鉄道、1883年のことだ。それは、サウス・イースタン鉄道などに引継がれたが、RH＆DRの開通後、旅客営業廃止、さらに廃線になった。

　つまりは90年以上にわたってRH＆DRが唯一の鉄道となっているわけで、いまやダンジェネスは「小さな鉄道の終着駅」として広く認識されている。駅舎には飲食の施設、土産物店などが併設されており、鉄道客や観光客でにぎわう、ちょっとした人気スポットになっているのだった。

　ダンジェネスには原子力発電所が設けられている。その建物を遠くに見ながら、小石の砂浜を雄大なリヴァース線で一周するRH＆DRは、特別な旅を提供してくれる。なにしろ背丈よりも小さな蒸気機関車。それにつづく客車も屋根に手が届きそうなサイズだ。
　それでも乗り込んでしまえば思いのほかの広さ。汽笛一声、走り出せば蒸気機関車に牽かれた列車旅が満喫できる。小気味よく響くジョイント音。どんどん速度を上げ、小さな客車の窓を通して流れいく景色は、想像以上のスピードを感じさせてくれる。
　小さいけれどホンモノの鉄道。鉄道好きの夢がここに実現している… そんな余韻に浸るのだった。

ロムニイ・ハイス&ダイムチャーチ鉄道

RH & DR の機関車

全長 8.4m、重量 9 t 級でありながら、そのスタイリングはといえば、堂々たる「パシフィック」2C1 のテンダ機関車。それはロンドン＆ノース・イースタン鉄道（LNER）の急行用蒸気機関車、A1 クラスを模型化した RH＆DR の 1 号機である。

LNER の A1 クラスは名設計家といわれたナイジェル・グレズリイ（1876～1941）によって設計された高速運転用の機関車。東海岸線の急行列車に使うため 1921 年から、後継の A3 型を含め量産された。2C1 の軸配置、三気筒であった。

のちに RH＆DR の技師長となるヘンリイ・グリーンリイは。その A1 クラスを約 1/3 サイズで模型化することを考えた。機構的に複雑な三気筒ではなく一般的な二気筒とし、テンダーは燃料容量を考えて、スケールより大きく、ボギイとされた。

じっさいに列車牽引に力を発揮しなくてはならないから、その分のモディファイはあるにしても比較してみれば、非常によくスケール感が保たれているモデル（模型）である。下のイラストは赤が LNER　A1 クラス、青線が RH＆DR の 1 号機を示す。

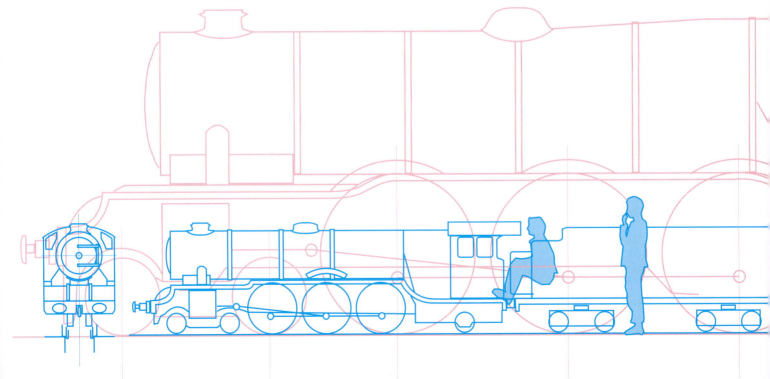

その1号機を筆頭にRH＆DRには11輛の蒸気機関車が活躍している。それこそ開業前にズボロウスキイが注文していた2輛に加え、開業までに8輛のテンダ機関車が用意された。建設工事にも使われた4号機のみが異色だが、標準的な2C1機が3輛、貨物列車を考慮した2D1機が2輛、それにより高性能を目指した三気筒2C1機が2輛という布陣であった。

　4号機以外は小型機関車を得意とするデイヴィ・パクスマン社で製作されたもの。1号機にモデルであるLNERのカラーである「アップル・グリーン」塗色が施されたほか、各機意匠を凝らした塗色になっているのが面白い。カラーリングで機関車が見分けられたりする。

　のちに増備された形の3輛は、それぞれにカナディアン・スタイル、ドイツ・スタイルになっていて彩りを添えている。カナダ型はじっさいにカナダのトロントで行なわれたイヴェントに展示されたりした。一方は、ドイツのデュッセルドルフに展示されたドイツ製機関車がやってきて11号機になったもの。順次修理されたりするが、すべて現役だ。

RH＆DRの蒸気機関車

番号	愛称	製造年	製造所	軸配置	重量	動輪径	カラーリング	記事
1	Green Goddess	1925	デイヴィ・パクスマン社	2C1	9t級	φ648	LNERアップル・グリーン	
2	Northern Chief	1925	デイヴィ・パクスマン社	2C1	9t級	φ648	ブランズウィック・グリーン	デフ付
3	Southern Maid	1926	デイヴィ・パクスマン社	2C1	9t級	φ648	RH＆DRグリーン	
4	The Bug	1926	独　クラウス社	B	5t級	φ648	ブライトン・アンバー	サイドタンク付
5	Hercules	1927	デイヴィ・パクスマン社	2D1	9t級	φ495	ミドランド鉄道レッド	デフ付
6	Samson	1927	デイヴィ・パクスマン社	2D1	9t級	φ495	プルシアン・ブルウ	デフ付
7	Typhoon	1927	デイヴィ・パクスマン社	2C1	9t級	φ648	ブリティッシュ・レーシング・グリーン	誕生時三気筒
8	Hurricane	1927	デイヴィ・パクスマン社	2C1	9t級	φ648	ガーター・ブルウ	誕生時三気筒
9	Winston Churchill	1931	ヨークシャー・エンジン社	2C1	9t級	φ648	カナディアン・パシフィック・レッド	カナダ型
10	Dr.Syn	1931	ヨークシャー・エンジン社	2C1	9t級	φ648	ブラック	カナダ型
11	Black Prince	1937	独　クルップ社	2C1	9t級	φ648	ブラック（足周りレッド）	ドイツ型

１～３号機

　１、２号機はRH＆DRが開通するより早く、ズボロウスキイ伯爵によって、1924年にすでにオーダーされていた機関車。ヘンリイ・グリーンリイ設計、デイヴィ・パクスマン社製だが、グリーンリイは「ロンドン＆ノース・イースタン鉄道（LNER）」の名機A1型「フライング・スコッツマン」をプロトタイプに、その1/3サイズの「小さな大型機」に仕上げた。３号機は開通を控えて、1926年に増備された。当時の製造コストは£1250だったという。

　１号機はハーウィが楽しんでいたウィリアム・アーチャーによる演劇の名前から「グリーン・ゴッデス」と名づけられた。

2、3号機はそれぞれ「ノーザン・チーフ」「サウザン・チーフ」だったが、3号機は「サウザン・メイド」に改名された。

塗色は順に「LNER アップル・グリーン」「ブランズウィック・グリーン」「RH & DR グリーン」と緑系ながらそれぞれにニュアンスの異なるカラーリング。2号機のみデフレクター付となっており、愛称プレートもデフに付けられている。デフレクターはランニングボードの幅一杯の位置ではなく、煙室に近い位置にあるのが面白い。

なお、1号機は 2016 年に踏切事故に遭って、2018 年末現在ニュウ・ロムニイの工場で修復作業が行なわれている。

「Green Goddness」

1925 年
デイヴィ・パクスマン社
9t 級　2C1 テンダ機

2

「Northern Chief」

1925 年
デイヴィ・パクスマン社
9t 級　2C1 テンダ機

3

「Southern Maid」

1926年
デイヴィ・パクスマン社
9t級　2C1 テンダ機

4

「The Bug」

1926年
クラウス社
5t級　Bテンダ機

4号機

　4号機はあまり本線で運転される機会のない異色の機関車。軸配置Bで、テンダ機関車であるのにしっかりとサイドタンクも備えている。メーカーも独クラウス社で、いかにもドイツ製小型機関車のスタイルである。

　実は、この機関車は鉄道建設用、ダンジェネスまでの線路延長時の工事用として購入されたものであった。したがって、鉄道が完成してしまった後はあまり活躍の機会がなく、1933年には売却される。その後、「ベル・ヴュウ・パーク」などで走ったのち1950年には廃車になり、スクラップされ掛かっていたという。

　そこを救われてふたたびRH & DRに戻ってきたのち、1970年代になってレストレイションも完成、ペット的な存在としてイヴェントなどでは欠かせぬ機関車になっている。

　動輪径はφ400、外側スティヴンソン式のヴァルヴギアを備える。丸い砂箱のなかを貫通しているレギュレータ・ロッドやボイラーの外にあるスティーム・パイプなど、他のRH & DRには見られない機構に興味が持たれる。

　「ブライトン・アンバー」と名づけられた黄土色に茶色のライニングが施されている。いつもはニュウ・ロムニイの機関庫で待機。「バグ・クラブ」という維持団体がある。

5

1927年
デイヴィ・パクスマン社
9t級 2D1 テンダ機

「Hercules」

5、6号機

RH & DR 開業時に用意された、ひと回り強力であることを目指した機関車が5、6号機である。基本的な構成、設計は変わりないが、動輪を一軸増やして、軸配置 2D1「マウンテン」としたのが大きな特徴。そのため動輪径はφ495と他機のφ648より6インチ（約153mm）小さくされている。

わが国のC57型に対するD51形のようなもので、貨物列車運転の計画があったことから用意されたものであった。他機同様、ヘンリイ・グリーンリイ設計、デイヴィ・パクスマン社でつくられた。

力持ちらしく「ヘラクレス」「サムソン」と名づけられた。RH & DR のハイスから運転された開通記念列車は「ヘラクレス」が牽引した。また戦時中、軍によって管理されていた時期には、「装甲列車」牽引用に改造され、厚い鉄板で覆われた姿で走ったという。

1961年に6号機の方は「過熱式」ボイラーに換装されている。

5号機は「ミドランド鉄道レッド」と呼ばれる茶色に近い色に、6号機はしっとりとした「プルシアン・ブルウ」塗色にされており、両者とも煙室部分とキャブ屋根、ランニングボード上面などはブラックに塗り分けられている。

「Samson」

1927年
デイヴィ・パクスマン社
9t級　2D1 テンダ機

7、8号機

1927年、RH & DRの開通に際して増備された7、8号機は、先の1〜3号機に倣ってつくられた2C1「パシフィック」の軸配置を持つ機関車。特徴的なのは、より高性能を志向して、三気筒機関車として登場したことである。

7号機はこの機関車のモデルになったといわれる「ロンドン＆ノース・イースタン鉄道（LNER）」の名機4472号機「フライング・スコッツマン」と並んだ宣伝写真が撮られた。それだけ気合いの入った機関車であったが、メインテナンスやランニング・コストなどのこともあって、1935年前後には通常の二気筒に戻された。

7

「Typhoon」

1927年
ディヴィ・パクスマン社
9t級　2C1テンダ機

それぞれ「タイフーン」「ハリケーン」と名づけられ、前者はBRG（ブリティッシュ・レーシング・グリーン）、後者はLNERの流線型機関車に塗られていた「ガーター・ブルウ」塗色になっている。ともに動輪までが同色に塗られ、細かいライニングが施されるなど美しい。手すりの類もシルヴァの磨き出しだ。7、8号機では、デフレクターの大きさなどが異なる。

1957年には「王室列車」が運転されたが、牽引は「ハリケーン」が受持った。そのことを印したプレートがテンダー前部に付けられている。下の写真に見える丸い真鍮色のプレートがそれである。

8

1927年
ディヴィ・パクスマン社
9t 級　2C1 テンダ機

「Huricane」

9
1931年
ヨークシャー・エンジン社
9t級　2C1テンダ機

「Winston Churchill」

9、10号機

　英国製機関車らしからぬスタイリングが特徴の9、10号機は、1931年に増備されたもの。米国調の外観は、正しくは「カナディアン・パシフィック鉄道」風というもので、のちにじっさいにカナダで展示された経歴も持つ。

　愛称がちょっと複雑で、誕生時には9号機が「ブラック・プリンス」、10号機が「ドクター・シン」であった。それが1931年に交換され、9号機は1948年にカナダでの展示に際し、英国を主張するために「ウィンストン・チャーチル」に。少しのちに10号機は「ドクター・シン」に戻された。

　1980年代に10号機の方は煙突、ドームがかさ上げされ、煙突の飾り帯、前デッキの鐘などが改装された。

　9号機はマルーン塗色、10号機はブラック一色。基本的には同型だが、先述のドーム、煙突などのほか、キャブなども若干のちがいがある。愛称板も9号機はサイドのデッキ上、10号機はキャブに付く。

　米国タイプということで2輌ともカウキャッチャーを付け、「ヴァンダービルト」タイプのテンダーになっているが、さらに10号機には前照灯が装着されている。

　なお「ドクター・シン」はダイムチャーチに伝わる物語上の人物。

10

「Dr.Syn」

1931 年
ヨークシャー・エンジン社
9t 級　2C1 テンダ機

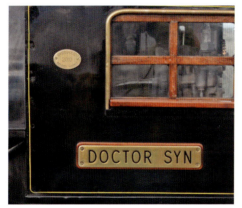

11号機

　11号機は変わった経歴の持ち主である。だいたいが他機とちがって独クルップ社製というのも特徴的だ。というのも、ドイツはデュッセルドルフで開催された「トレード・フェア」のために製造された3輌のうちの1輌で、1976年にRH&DRに移籍してきた。転入に際しては、キャブの着座位置などが若干モディファイされた。

　他機に較べると重量はあるが、全長は24'4"（7417mm）と100mm以上短い。

　特徴あるデフレクターをはじめ、スタイリングもドイツ型で、足周りの赤い塗装もそれらしさを増幅している。愛称もかつて10号機に付けられていた「ブラック・プリンス」を名乗る。

　下の写真はニュウ・ロムニイの機関庫内で修繕中の姿で、デフレクターも外されている。

1937年
クルップ社
10t級　2C1テンダ機

「Black Prince」

横浜に現われた「Black Prince」

　右上の写真、ブルウの電車は根岸線の102系。ちょうど桜木町駅に停車中の姿だ。ここは横浜、いま「みなとみらい」になっている場所である。そこに敷かれたエンドレス線路を走るのはRH＆DRの11号「ブラック・プリンス」ではないか。

　時は1986年3月。突如として横浜に現われた11号機は、「世界の鉄道とバザール」展の呼び物のひとつとして、同じくRH＆DRからやってきた客車とともに場内を周回した。運転したのはもと機関士だったという日本人。写真撮影時はまだ試運転状態だったが、開催中は多くの乗客で賑わったという。

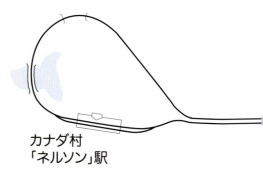

カナダ村
「ネルソン」駅

日本のロムニイ鉄道
「修善寺虹の郷」

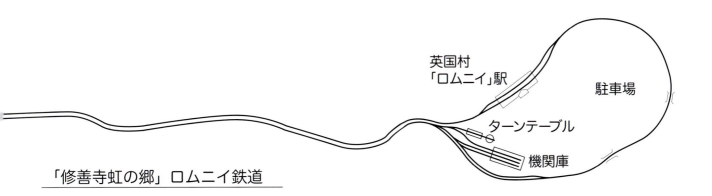

「修善寺虹の郷」ロムニイ鉄道

● 日本の 15 インチ鉄道

　その名も「修善寺ロムニイ鉄道」という。1990 年 4 月に開園した伊豆は「修善寺虹の郷」内を走る蒸機鉄道で、その名が示している通り本家 RH & DR とも深い関係を持つ鉄道である。

　そもそもは修善寺町の町制施行記念事業として、旧くは 1924（大正 13）年に「修善寺公園」として開園したことにはじまる。1967 年に再整備されて梅林を加えた「修善寺自然公園」になり、1980 年代には、それを中心としたテーマパークとして観光施設化が行なわれることになった。そして、その 50 万平方メートルという広大な敷地の中を交通機関としても機能し、観光の呼びもののひとつとなる鉄道が計画された。かねてから英国の保存鉄道に造詣の深い、熱心な鉄道愛好家、永江賢氏の大きな尽力があって、15 インチ蒸機鉄道として実現することになったものだ。氏は 1960 年代後半の 6 年間にわたって英国赴任の経歴を持ち、積極的に英国内の保存鉄道などを訪問していた、という。

　「修善寺虹の郷」から提供いただいた資料には＜建設計画時に共立モデルエンジニアリング　永江賢社長に修善寺町より英国 15 インチ・ゲージ鉄道の現地調査を依頼したことからはじまり…＞とあるが、永江さん自身が書かれた記事には＜私がこの 15 インチの保存鉄道を日本に導入したいと思ったのは 1980 年…＞（月刊「鉄道ファン」誌 350 号：1986 年 6 月、交友社刊）、その後、いくつものクライアントに提案を行なった、とあるから、永江さんの方からのアプローチであったと思われる。

上：英国村「ロムニイ」駅、
下：カナダ村「ネルソン」駅。

　1987年3月に渡英した折に、ちょうどいいタイミングで競売に出されている15インチ・ゲージの蒸気機関車があり、それを落札した。後に紹介する「アーネストW.トワイニング」がそれで、英国フェアボーン鉄道で使われていたものである。同鉄道は1984年に381mm（15インチ）軌間から310mm軌間に改軌したところで、15インチの機関車は不要になっていたのだ。

　永江さんは精力的に働き、レーヴェングラス＆エクスデール鉄道（R & ER）やロムニイ、ハイス＆ダイムチャーチ鉄道（RH & DR）との太いパイプづくりに成功する。蒸気機関車新製についてはR&ERで、予備用を含めて新製が予定されたディーゼル機関車はRH & DRから紹介されてT.M.A.社でBB大型機をはじめ2輛がつくられた。

　このあたりの話、15インチ鉄道に対する思いなど伺いたいと欲したが、残念ながら永江さんは他界されていた。

　「アーネストW.トワイニング」は日本上陸後、保存蒸気機関車に実績のある大井川鐵道に、ボイラーの修理などをはじめとして検査申請までを委託した。開園前には大井川鐵道新金谷工場が取扱い指導を、またR&ERから機関士トレヴァ・ストックトン氏が来日して運転指導を行なった、という。

　園内、英国村とカナダ村の間に敷かれた線路は「ドッグボーン」スタイル、つまり両端

にループ線を持ち、その間を複線線路で結んだ、全長 2.4km の線路となっている。

その後、「カンブリア」号の増備などもあって、1990 年 4 月開園以来、そろそろ開園 30 周年になろうかという歴史を刻んでいる。

なお、「虹の郷」ロムニイ鉄道の開通によって、遊具を含め 15 インチ軌間の鉄道がある国として、日本は 10 番目になった、という。

● 4 輛の蒸気機関車

「修善寺虹の郷」ロムニイ鉄道では 2 輛の蒸気機関車が働き、2 輛が静態保存されている。ほかにディーゼル機関車大小 2 輛が使用中だ。

まず実働中の蒸気機関車は基本的に同型で、いずれもレイヴェングラス＆エスクデール鉄道のチーフ・エンジニアであるイアン・スミス設計によるもの。特にプロトタイプはなく、使い勝手のよさを重視した設計だ。

1 のプレートを付けているのは「ノーザン・ロックⅡ」と呼ばれるもので、アウトサイド・フレーム 1C1 テンダ機。実は R ＆ ER には 1976 年製の「ノーザン・ロック」が活躍中で、それに倣って 1989 年につくられたのが、その名も「ノーザン・ロックⅡ」というわけだ。ほぼ同型であるが、連結器は日本の軽便鉄道などで使用されてきた、お馴染みの朝顔型になっているのが特徴的。もちろんピン＆リンク式で連結される。

出発を前に、石炭をくべられる「カンブリア」号。お守役は弱冠 25 歳の鈴木悠司さん。

2 号機「カンブリア」はついで 1992 年に増備されたもので、同型ながらフロントデッキ部分を曲線から直線的なものに変更したり、キャブ窓が変化したことなどによって、印象は近代的かつ迫力あるものになっている。ともに全長 24 フィート、9t 級で 1 号機がマスカット・グリーンに対し、2 号機はブリティッシュ・グリーン塗色。2 号機の前側のみにバッファーが付けられている。

　静態保存機の 2 輛、まず「アーネスト W. トワイニング」は、当初使用後、現在は静態保存となった機関車。設計者の名前がそのまま機関車名にされており、1949 年製、製番 10 というプレートがつけられている。「修善寺虹の郷」の HP にはフェアボーン鉄道製とあるが、G ＆ S エンジニアリングという会社がダドリイ動物園の鉄道に納入し、その後 1961 年にフェアボーン鉄道に転入したもの。そこでは 1961 ～ 84 年の間使われたが、鉄道が改軌したために不要となり、巡り巡って「虹の郷」にやってきた。

　キャブはフェアボーン鉄道の時代、1960 年代後半に改造されて窓が「ヨロイ窓」になっている。以前は庫外のターンテーブル上に、現在は車庫内におかれている。

　C11328 は金沢工業大学の故村田外喜男教授が 11 年掛かりで製作したスケール・モデルで、1995 年に完成、1997 年から貸与されているもの。縮尺は 1/2.8 とされ、ゲージを含め、かなりスケールに忠実に 15 インチ化されている。実物の C11328 が地元にあったことからそのナンバーとなっているようだが、第一次～第四次型に分かれる C11 型では、～ C11140 の第二次型のスタイルである。現在はターンテーブル上で静態展示されていた。

　たとえば人気の「シロクニ」の 15 インチ版が列車を牽いて走っていたら面白いだろうなあ、などと夢みるのだが。

　ほかに RH ＆ DR の 12、14 号機と同型の BB ディーゼル機関車、小型のロッド式 C ディーゼル機各 1 輛がある。

「カンブリア」
1992年　レイヴェングラス鉄道工場製

「ノーザン・ロック II」
1989年　レイヴェングラス鉄道工場製

「アーネスト W. トワイニング」
1949年　G＆Sエンジニアリング社製

出庫シーン

ロムニイ駅にて

右に道路が沿う

● 「虹の郷」ロムニイ鉄道の旅

　「虹の郷」ロムニイ鉄道の列車は、車輌の車輪片減りなどを防止するため、定期的に「左回り」「右回り」と変化する。英国村「ロムニイ」駅からカナダ村「ネルソン」駅まで、左回り列車に乗って旅の車窓を紹介しよう。それぞれ駅名は「ロムニイ」駅、「ネルソン」駅と命名されているが、後者は伊豆市がカナダのネルソン市との姉妹都市関係であることからつけられたものである。

　さて、「ロムニイ」駅を出発した列車は、まずは広い駐車場の周囲を一周する形で北東方向から西向きへと向きを変える。半周するころから左側には修善寺から戸田方面に向かう道路がすぐ下に沿ってくる。「修善寺虹の郷」の入口、つまり駐車場に出入りする道路が2ヶ所にあり、そこを線路は鉄橋で越えていく。なお写真は多くが右回りのもの。

　線路に側線が現われ、留置している客車などが見えたら、その奥が機関庫である。機関庫へは、ロムニイ駅前の広場にある「15インチ・ゲージ レイルウェイ・ミュウジアム」入口から機関庫内部を見学することができるようになっている。待機中の機関車、また静態保存展示されている「エルネスト W. トワイニング」などがみられる筈だ。機関庫は三線で、その向こうにターンテーブルも見ることができる。

　機関庫からのポイントを通過すると右側に並行する線路がやってきて、ちょうど複線になってカナダ村を目指す。左側が小高い丘、右側が遊歩道で、丘の斜面に沿って、線路は左右にうねる。それにしてもこの線路を設計した人は、鉄道のことを趣味的にもよく知っているなあ、と思わせる。単なる交通機関としてならば、直線で（新幹線的に）結ぶのが

勾配で力行

トンネル通過

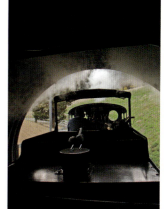

一番効率がいい。しかしながら、それでは眺めても列車旅を味わうにも詰まらないのである。等高線に沿ってくねる線路、そこを走る列車がいかに素晴しいものであるか、それはこれまでの優れた鉄道写真を見ても明らかなこと。とくに蒸気機関車は勾配に向かって煙をあげるシーンが嬉しかったりするのだ。

　カナダ村に向かっての複線区間は、適度に左右にカーヴを描き、緩やかな勾配も設けられている。緑の中を、ときに石炭の芳ばしい薫りを感じながら走るのは、懐かしい列車旅を思い起こさせてくれる。もちろんホンモノの鉄道の感覚、である。

　右に「富士山スポット」を見、「インディアン砦」のトーテムポールが見えたら減速、「ネルソン」駅に到着である。この先、カナダ村にはクーテニー湖があり、そこに架かる鉄橋、また奥にはトンネルも掘られ、列車旅に彩りが添えられる。

ネルソン駅にて

鉄橋が見える

ROMNY STN.
■ 英国村 ロムニイ駅

　「修善寺虹の郷」のゲートを入って正面にあるのが、英国村「ロムニイ」駅。
　近くに機関庫、車輛基地があり、それは「15インチ・ゲージ　レイルウェイ・ミュウジアム」として見学することもできる。その機関庫の裏手に客車の留置ヤードもあり、目を奪われる。右は、右回りでロムニイ駅に到着しようとする「カンブリア」号牽引の列車。

'S' CURVE
■「S」カーヴの力闘

　「修善寺虹の郷」のロムニイ鉄道の線路は実によくつくられている。というのは丘の裾に沿って、等高線に逆らうことなくカーヴを描きながら走る線路は、まさに狭軌鉄道、われわれの愛好する軽便鉄道の雰囲気をよく醸し出しているのだ。
　それは客車に乗って前を眺めてみればよく解る。右に左に、煙を吐いて力闘する機関車の姿が眺められ、懐かしくも嬉しい蒸気機関車旅が再現されるのだ。
　「四季街道」に沿って走る複線区間も見どころがつづき、随所に素晴らしい蒸機列車情景が展開された。

MT.FUJI
■ 富士山ヴュウ・ポイント

　カナダ村が近づいたら車窓を気にしなくてはならない。ホンの一瞬だが富士の霊峰が拝めるポイントがあるのだ。ちょっとした広場には「伊豆フレーム」と称する額縁が用意されていて、散策してここにやってきたひとは、このフレームを利用して富士山の記念写真が撮れるようになっている。向こうの丘もそこだけ木が伐採されていて、天気がよければちゃんと富士が望めるのだ。

　列車の車窓からももちろんそのシーンが期待できる。15インチの列車の窓に富士山。英国の本家でもできない芸当が「修善寺虹の郷」ロムニイ鉄道で実現される。ちょっと得をした気分になって、小さな汽車旅をつづけるのだった。

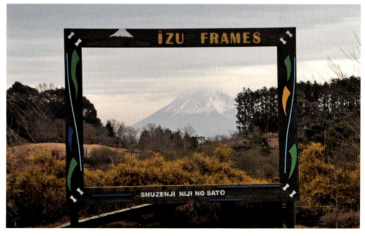

NELSON STN.
■ カナダ村 ネルソン駅

　カナダ村にある「ネルソン」駅の周辺もループを描くようになっている。伊豆市と姉妹都市関係にあるカナダ、ネルソン市の旧庁舎を形どったというホールの裏手をトンネルでくぐり、クーテニー湖と名づけられた湖を鉄橋で渡る。
　そしてカナダ村の入口に立つトーテムポール奥には、遊び施設も設けられる「インディアン砦」が広がっている。園内の鉄道とはいえ、「修善寺虹の郷」のロムニイ鉄道はふたつの村を結ぶ、交通機関の役もしっかり果たしているのだ。

15インチ狭軌鉄道
英国の小さな公用鉄道

● 15インチ鉄道の登場

　何故にこのような小さな鉄道が誕生したのだろう。ひとつの到達点となった15インチという数字も、いまとなってはマジックのような数字として、実に興味深いものがある。15インチ、約381mmという線路幅は、そこに意図がないと浮かんではこないものではあるまいか。

　そんな興味とともにいくつもの文献等を調べていくと、19世紀にまで遡って面白い事実が解ってくる。

　アーサー・パーシヴァル・ヘイウッド男爵（1849～1916）は、幼いころから鉄道に大きな興味を持っていた。10代後半には、金属加工を営んでいた父の工場を手助けするとともに、小型蒸気機関車をつくり出した。それは、弟が乗って遊べるサイズにまで及んだ。工業系の大学で学んだ彼は、いろいろなアイディアを思いつく。そのひとつが「可搬式鉄道」。必要に応じて敷設し、たとえば農地の開拓や収穫に役立つもので、それは狭軌鉄道の発想へとつながった。

　「最小狭軌鉄道」として最初9インチ・ゲージ鉄道を試みたものの実用にならず、15インチに至った、という。そして、1874年には実験的につくった「最小狭軌鉄道」、15インチ軌間のダッフィールド・バンク鉄道を完成させたりしている。それは数年間、実働して、さらには別のイートン・ホール鉄道として実用化された。ヘイウッドの名は、鉄道以外にも、教会の自動鐘鳴らし装置を普及させたり、のちにダービイ鉄道工場をつくったことでも知られることになるのだった。

　もうひとつ、面白い話がある。1915年8月に開業した15インチ軌間の鉄道がある。いまもレイヴェングラス＆エスクデール鉄道として知られるが、そのそもそもは模型メーカーの実験線であった。

　19世紀末に創業されたバセット・ロウケ（Bassett-Lowke）社は、鉄道模型、船舶模型の草分けというような存在。それまでのいわゆる「ティン・トーイ」から「スケール・モデル」の思想を採り入れたことで知られる。その代表者であるW.J.バセット・ロウケと友人であったプロクター・ミッチェルは、廃線になった線路敷を買取る。ミッチェルが進めていた小型機関車のテストのための実験線にしようとしたのだ。ミッチェルは「ナロウ・ゲージ鉄道社」を興し、バセット・ロウケ社は1905年にはOゲージ（32mm軌間、0番ゲージともいう）、1番ゲージ（同45mm）、2番ゲージ（同64mm）とともに15インチ軌間の模型機関車（もちろん蒸気動力だ）を製品にしている。

● レーヴェングラスの試み

　1875年5月、ちょうどマン島に向き合う英国中西部、鉄鉱山のあるブートからレイ

上：15インチ軌間のRH＆DR。下：超狭軌260mmのWWLR。線路と機関車の対比がそれぞれで面白い。

ビュア・ヴァレイ鉄道

ヴェングラスまで敷かれた鉄道。レイヴェングラスで、すでに1840年代に開通していたファンネス鉄道に積み替えて、産出される鉄鉱石をバロウ港まで運び出すのが目的の鉄道であった。専用鉄道として建設期間や経費のことを考え、それは3フィート（914mm）の狭軌が採用されていた。この地方のメインラインであるファンネス鉄道は、周辺にいくつもの鉱山があったことから、それらを集積して港に運ぶ主力鉄道として重要なポジションにあったものだ。

鉄道が開通すると、沿線住民の要望もあって翌1876年からは旅客輸送も開始する。そのことによって、レイヴェングラス鉄道は英国最初の「狭軌鉄道」という称号を得ることになった。しかし、第一次大戦による変化があったこともあり、鉄鉱石、旅客数とも減少、1913年に鉄道は閉鎖されてしまう。

廃線になった鉄道の線路敷を使って、小型蒸気機関車の実用性を確かめようというのが、こんにちまでつづく15インチ軌間鉄道の草分けとなった。さっそく改軌工事が行なわれ、鉄鉱石輸送という目的がなくなっていたことから、急勾配を含むブート鉱山付近の線路は避け、まずはマンカスターまでの工事が進められた。

ビュア・ヴァレイ鉄道の6号機

　そして早くも1915年8月には15インチ軌間の鉄道として、再スタートが切られたのである。その後、付近で花崗岩の採石がはじめられたことから、その搬出にも使用され、第二次大戦の前後には、鉄道もその採石会社の所有になったりした。

　こうして、実用と模型との中間に位置するような存在として、15インチ軌間の鉄道はしっかりと実現され、それがロムニイ、ハイス&ダイムチャーチ鉄道の発想の原点になったのは、前項で解説した通りだ。

　レーヴェングラスの鉄道は1950年代に花崗岩採掘を終了したことなどから、廃止の方向に向かっていた。それを救ったのは地元を中心に結成されたレーヴェングラス&エスクデール鉄道保存協会。なかでもウェイクフィールド家の尽力によって、鉄道は観光と実用を兼ねた蒸機鉄道として生きつづけることになる。現存する最古の15インチ蒸気機関車である1894年製の「River Irt」をはじめとして、11.3kmの路線が盛業中である。

● 遊具ではなく鉄道として
　こうして15インチ軌間の鉄道は普及をしはじめるのだが、多くは遊具に近いものとしてテーマパーク内を走るというものが大半

ビュア・ヴァレイ鉄道の1号機　ビュア・ヴァレイ鉄道の7号機

　で、じっさいの実用鉄道としては本書の主題であるロムニイ、ハイス＆ダイムチャーチ鉄道（RH＆DR）が、1927年に開業したことが特筆されるものであった。
　そのほかに観光目的で英国中東部の海沿いの街、クリーソープスにクリーソープス・コースト軽鉄道が敷かれたのは1948年7月のことだ。付近に動物園などもつくられ、そこそこの発展をみるのだが、なんと1972年には14¼インチ（362mm）に改軌する。なんのことはない、「世界一の狭軌」という称号を狙っての変更であった。これは1991年にふたたび15インチに戻されたことをみれば、単に最狭だからいい、というものでもないことが解ろう。
　1990年7月に開業した東ノーフォーク州のビュア・ヴァレイ鉄道は標軌の鉄道跡を利用してつくられた。もとは1880年1月に初めてアイルシャムへ到達した鉄道をグレート・イースタン鉄道が引継ぐ形で、長く愛用されてきた。しかし世の趨勢の通り、戦後、道路の発展で1952年には旅客営業停止。その後もスコッチ・ウィスキイの原料運搬、商品運搬に使われたが、最終的には1980年代はじめに廃線となる。そのときにはBR（British Rail）に属していた。
　この廃線を受けて、地元ノーフォーク郡の評議会が15インチ鉄道の敷設に乗り出した。標軌の線路跡に狭軌鉄道と遊歩道を計画したのだ。英国の法律で、鉄道には柵が必要ということで、その工事を含め1990年7月に開通した。資金不足から、当初はRH＆DRの機関車を借り入れて開業した、という。鉄道の所有母体は変化しつつも、ビュア・ヴァレイ鉄道はちゃんとした鉄道の形態を守っている。

ビュア・ヴァレイ鉄道の9号機

英国の15インチ軌間鉄道

鉄道名	開業	線路延長	蒸気機関車数／全機関車数	線路の成り立ち
1：レーヴェングラス＆エスクデール鉄道	1915年	11.3km	5輛／9輛	3フィート鉄道道床利用
2：カークリース軽鉄道	1991年	5.6km	6輛（内タンク機2輛）／8輛	新規敷設
3：クリーソープス・コースト軽鉄道	1948年	2.0km	2輛／4輛（他に修理中あり）	新規敷設
4：ビュア・ヴァレイ鉄道	1990年	14.5km	5輛（内タンク機3輛）／8輛	標軌鉄道道床利用
5：ペリイグローヴ鉄道	1996年	2.4km	4輛（内タンク機3輛）／7輛	新規敷設
6：ロムニイ、ハイス＆ダイムチャーチ鉄道	1927年	21.7km	11輛／14輛	新規敷設

● 超狭軌への挑戦

　ここで、15インチよりももっと狭軌の鉄道についても触れておきたい。一時はRH＆DRなどが「世界一小さな公用鉄道」を謳っていたものだが、まあ、上には上がある。

　本シリーズ第1巻の「ダージリン・ヒマラヤン鉄道」で触れた、英国の海辺を走るフェアボーン鉄道。ダージリン鉄道の610mm軌間の機関車をそっくり1/2にしたような、その名も「シェルパ」が走る310mm軌間の鉄道。実は、もともとは2フィート（610mm）軌間の馬車鉄道としてフェリイ乗り場までを結ぶ鉄道だったものが、橋の開通とともに観光鉄道に転身。1916年には15インチ軌間の鉄道として開業する。それは所有者が代わる1984年までつづき、改軌に際して不要になった機関車の1輛は「修善寺虹の郷」にお輿入れしている。

　ビュア・ヴァレイ鉄道にほど近い海辺の街、ウェルズ・オン・シーには、10¼インチ（260mm）軌間の鉄道が走っている。歴史の街であるウォージンガムまで6.4kmほどの距離、もともとの標軌の線路跡を使って1982年に開業したウェルズ＆ウォージンガム軽鉄道（W.W.L.R.）だ。機関車は2輛の1C-C1のガーラット式機関車が使われており、そのうちの1輛は2010年に新製されたものである。

　公園の遊具なのか、実用の鉄道なのか。それは模型であるのか本物であるのか、いろいろな見解はあるだろうが、とりあえず、現在英国で走っている15インチ軌間の「鉄道」とおぼしき6鉄道を表にまとめた。

　すでに蒸気機関車の時代が去って久しいが、近年になっても15インチ軌間の蒸機鉄道が増えているのに注目されたい。

フェアボーン鉄道「ラッセル」

軌間310mmのフェアボーン鉄道

ダージリンの機関車を模した「シェルパ」

W.W.L.R. の 6 号機

W.W.L.R. の 3 号機

軌間 260mm の W.W.L.R.

RH & DR と
世界の狭軌鉄道の魅力
（あとがきに代えて）

　本シリーズの第1巻としてインド「ダージリン鉄道」を上梓してから1年。この第6巻まで漕ぎ着けることができた。まず以って、このシリーズを刊行させてくださった版元のメディアパル、とりわけ小宮秀之さんに感謝申し上げねばなるまい。

　鉄道に限らず、海外のテーマはなかなか身近かにないせいか、注目されることが少ない。こんなに素晴らしい情景の中を、われわれが大好きな狭軌の蒸気機関車が走っているのに。いやかつては小生もそうであった。それこそ学生時代、友人のひとりが留学をいいことに欧州の蒸気機関車を巡ってきた。その成果を口角泡を飛ばすが如くに語ってくれるのだが、わが国の蒸気機関車の末期、軽便鉄道の終焉に立ち会った余韻もあってか、しばし呆然として、ましてや海外の機関車に馴染めようもなかった。

　初めての飛行機はパリ行で、そのまま海外を旅し、欧州を巡った。ドイツやオーストリアでは、それまで書物の中で見た機関車がじっさいに見られる感動はあったけれど、それ以上ではなかった。ところがその足でスペイン、ポルトガルに足を延ばした時である。炭坑や地方のローカル線で目が醒めた思いがしたのは、そこに、かつての日本にあったような情景、憧れていた小型機関車が残っていたから、である。それとて最盛期はとっくに過ぎ、炭坑のヤードで放置されていたりしたようなものも多かったのだが、かつての日本もこうだったのだろうなあ、と想像させるに充分な雰囲気が漂っている。

　それを知って以来、機会あるごとに海外に出向いた。ドライな米国よりも欧州、とりわけ文化保存に心ある英国には数多くの狭軌鉄道、蒸気機関車が保存され、運転されている。かつて、時間と追いかけっこするように、消えていく蒸気機関車、軽便鉄道などを追い掛けていた小生などには、まるでオアシスのように思えたものだ。

　ゆったりと悠久の情景、悠久の時の流れを楽しんでいる。あと数ヶ月で廃止される、廃線になる、つねに時間に追いかけられるように、停められない時間を恨めしく思いつづけた日々は、なんだったのだろう。第2巻で紹介したウェールズの鉄道など、新たに線路を延ばし、機関車もどんどん復活していっていたりする。

　やはり蒸気機関車は、狭軌の鉄道は、少年にとって永遠のアイドル、というものだ。この第6巻に選んだロムニイ、ハイス＆ダイムチャーチ鉄道は、まさしく若き富豪の遊びの中から生まれた。

家族が残してくれた広大な敷地のなか、自分が乗って走れる鉄道を敷こうとしたことが、そもそものはじまりというのだから。蒸気機関車2輛をオーダーしていたのに、不幸なことに公道レースで命を失ってしまう。その遺志を継いだレーサー仲間が、鉄道を開業させてしまうのだから、まさしく夢の実現、というものだ。

　そうして、開業してから90余年を経過する鉄道は、いまも多くの人に夢のような旅を経験させてくれる。ミニチュアとはいうけれど、そのスタイルは堂々たる大型蒸気機関車。小さいだけに体感速度はなかなかのもので、独特の不思議な感覚に包まれる。訪問の際は、ぜひともこの小さな列車旅をお勧めする。

　そうすることで、本シリーズの第6巻にこの小さな鉄道を採り上げた理由もお解りいただけるのではないか、と期待したりしているのだ。このシリーズはとりあえず全6巻で企画したもの、つまりは本書を以ってひと区切りということになる。

　あまり知られていないからこそ、いまも走っている海外の狭軌鉄道、それも蒸気機関車の活躍する鉄道を採り上げた。できるだけ難しくなく、大人の見る絵本のようになれば、と心掛けたつもりだ。まずは眺めて旅した気分になっていただければ、そしてその次にはぜひじっさいに訪問していただけたら、と思う。きっと想像以上の魅力が見付けられる。

倉庫の中に保管されていた小さな蒸気機関車。こんな機関車を自分で所有して自由に走らせられたら… なんだかRH＆DRはそんな夢が実現したように思えるのだった。

　いちおうの区切りにはするけれど、一冊になるほどのヴォリウムはないが、採り上げたい鉄道、魅力的な蒸気機関車はまだまだいくつもある。なん度もいうが、世界は広い、未開拓の鉄道情景はそこここにある。なにしろ、じっさいに新しい線路が開通し、蒸気機関車が甦ってきたりしているのだから。

　文末になったが、訪問し、親切にしていただいた鉄道のみなさん、今回でいえばRH＆DRと「修善寺虹の郷」の方々に謝意を表して結びとしたい。

2019年　春　　　　　　いのうえ・こーいち

著者プロフィール
■ いのうえ・こーいち　（Koichi-INOUYE）

岡山県生まれ、東京育ち。幼少の頃よりのりものに大きな興味を持ち、鉄道は趣味として楽しみつつ、クルマ雑誌、書籍の制作を中心に執筆活動、撮影活動をつづける。近年は鉄道関係の著作も多く、月刊「鉄道模型趣味」誌、自動車誌に連載中。主な著作に「C62 2ファイナル」「図説電気機関車全史」（メディアパル）、「図説蒸気機関車全史」（JTBパブリッシング）、「名車を生む力」（二玄社）、「ぼくの好きな時代、ぼくの好きなクルマたち」「C 62／団塊の蒸気機関車」（エイ出版）、「フェラーリ、macchina della quadro」（ソニー・マガジンズ）など多数。また、週刊「C62をつくる」「D51をつくる」（デアゴスティーニ）の制作、「世界の名車」、「ハーレーダビッドソン完全大図鑑」（講談社）の翻訳も手がける。
株）いのうえ事務所、日本写真家協会、日本写真作家協会会員。
連絡先：mail@ 趣味人 .com

著者近影

クレジット；p021、p028-29、p033、p034、p045、p049、p059、p064、p067、p068、p111、p126、p131 など、写真の一部は同行したイノウエアキコ撮影。

「世界の狭軌鉄道」06
ロムニイ、ハイス＆ダイムチャーチ鉄道

発行日　2019年5月1日 初版第1刷発行	© Koichi-Inouye 2019
著　者　いのうえ・こーいち	ISBN 978-4-8021-1033-4　C0065
発行人　小宮秀之	© Mediapal 2019　Printed in Japan
発行所　株式会社メディアパル 〒162-8710　東京都新宿区東五軒町 6-24　　　　　TEL 03-5261-1171　　　　　FAX 03-3235-4645	◎定価はカバーに表示してあります。造本には充分注意しておりますが、万が一、落丁・乱丁などの不備がございましたら、お手数ですが、メディアパルまでお送りください。送料は弊社負担でお取替えいたします。
印刷・製本　図書印刷株式会社	◎本書の無断複写（コピー）は、著作権法上での例外を除き禁じられております。また代行業者に依頼してスキャンやデジタル化を行なうことは、たとえ個人や家庭内での利用を目的とする場合でも著作権法違反です。